AF340899

CHANT NVPTIAL,

POVR
LE MARIAGE
DV ROY.

A PARIS,
DE L'IMPRIMERIE ROYALE.

M. DC. LX.

CHANT NVPTIAL,

POVR LE MARIAGE

DV ROY TRES-CHRESTIEN,

LOVIS XIV.

ET

DE LA SERENISSIME INFANTE

D'ESPAGNE,

MARIE THERESE.

QVELS font ces cris aigus, qui d'vne Ifle où la France
Par vn Flot partagé vers l'Efpagne s'auance,
Roullent de Fleuue en Fleuue, & marquent vn moment
Qui produit fur la Terre vn fameux changement !

D'OV vient ce bruit confus, qui troublant la Garonne,
Sur fes bords efcumeux d'Antre en Antre refonne,
Et loin d'épouuanter les Nymphes de fes Eaux,
Par Troupes les conduit foûs les Murs de Bourdeaux !

A ij

Quel Spectacle impreueu, quelle Feste publique
Attire tous les Dieux de la Mer Atlantique,
Et d'vn vaste renom parcourant l'Vniuers,
Epuise aussi l'Egée, & ses Golphes diuers!
Des Peuples Aquitains les Ondes signalées,
Aux moites Deïtez par ces bruits appellées,
Permettent d'embellir leurs bords delicieux,
Esperant d'heure en heure y voir de plus Grans Dieux,
Des Dieux qui sur leurs Ponts gaignant de plaine en plaine,
Marchent pompeusement vers les Eaux de la Seine,
Et charmez des Aspects & d'Amboise & de Blois,
Vont se rendre au Seiour du Throsne des François!

QVOY! des Flots inconnus de la ieune Amerique,
Cent Tritons, costoyant vn Vaisseau magnifique,
Et faisant retentir la Nacre de leurs Cors,
Conduisent vers Calis mille & mille Thresors,
Que sur vn doux espoir qui la comble de ioye,
Toute l'Inde Nouuelle à la Castille enuoye!

IL faut que dans Madrit on attende vn Grand Iour;
L'esclat de ses Palais, la pompe de sa Cour,
Parlent d'vn changemént qui finit leur souffrance,
Et font voir que l'Espagne est mieux auec la France,
Que leurs Peuples vnis blasment leurs longs trauaux,
Et trouuent dans la PAIX le terme de leurs maux.
Heureux! si mieux instruits par tant de funerailles,
Ils craignent pour iamais la fureur des Batailles,
Ou proposant l'Asie à leurs Camps valeureux,
Ils forment sur Byzance vn dessein genereux.

LES Dieux, lassez de voir le Demon de la Guerre
Fremir soûs les Climats les plus beaux de la Terre,
Pour redonner le calme aux deux Sceptres germains,
Cedent leur Droit supreme au plus grand des Romains.
ANNE & son cher LOVIS, assistez du GENIE

Par

Par qui de cent Eſtats la Diſcorde eſt bannie,
Veulent que tant d'Exploits non moins iuſtes qu'heureux,
Soient enfin couronnez d'vn Triomphe amoureux,
D'vn Succés plein d'appas, où Bellonne eſtouffée
Serue aux feux de l'Amour d'agreable Trophée.

    IVLES, à qui l'honneur de ſauuer les Mortels,
Aſſeure auant le temps la Gloire des Autels ;
Ce Romain, dont l'illuſtre & grande Deſtinée
Fait ſans ceſſe admirer l'Eſtoile fortunée,
Mais dont l'Art d'employer les Hommes & les Temps,
Eſt l'Aſtre qui produit tant d'Effets eſclattans :
Ce IVLES, ſeul nommé ſur la Voute azurée
Pour finir des Combats la fatale durée,
Egalant ſa conduite à cét auguſte choix,
Termine tout Diuorce, & raſſemble les ROYS.

    DE ces bords renommez où la Seine feconde
Partage en deux moitiez vn Abbregé du Monde,
Et des riues du Tage en ſablons precieux,
Marchent d'vn pas égal les MINISTRES des Dieux,
Supremes en Pouuoir, merueilleux en Prudence,
Chacun d'vn Grand Eſtat la pure Intelligence,
Tous deux bruſlans du feu d'entamer vn Diſcours
Qui de mille fureurs doit arreſter le cours.

    DANS vn Proiet ſi Grand tous les Dieux ſe partagent ;
Mercure & Iupiter auec IVLES s'engagent ;
*A * GVZMAN, & l'Amour & Minerue ſont ioints ;*
Et IVLES & GVZMAN n'ont qu'eux-ſeuls pour Témoins.

    DV ton ferme & conſtant qui marque la Puiſſance,
IVLES & Iupiter s'expliquent pour la France.
Minerue & L'ESPAGNOL, dans leur raiſonnement,
Gardent des moins heureux le doux temperament.
Amour, dont tous les Dieux reconnoiſſent l'Empire,
Et qui ſçait qu'vn GRAND ROY pour de beaux Yeux ſoupire,

** D. Louïs de Haro de Guzman, Premier Miniſtre d'Eſpagne.*

    B

Des flames du Monarque enfin se preualant,
Termine ces debats par vn Traitté galant.
   LE *Tage voit briller plus que l'Or de sa source,*
La NYMPHE *en qui l'Espagne a trouué sa ressource.*
Les Attraits couronnez d'vn Obiet si charmant,
D'vn Conquerant trop fier font vn modeste Amant,
Qui des sanglans Combats detestant la furie,
Fléchit au Nom fatal d'vne ILLVSTRE MARIE.
   DEPVIS *que de l'Esclat des Astres & des Fleurs*
Le Ciel des Teints vnis reléue les couleurs,
La Terre a mille appas ; mais sur tous elle vante
Le blanc & l'incarnat du beau Teint de L'INFANTE.
La fleur de ces doux Fruits que nul corps n'a touchez,
Et qui sont des Zephyrs comme en crainte approchez,
D'vn Teint si délié peut estre la figure,
Si des Fruicts non touchez, la fleur est assez pure.
Aucun Trait ne dément l'auantage du Teint ;
La Bouche est d'vn Vermeil qui iamais ne s'esteint,
D'vn Vermeil dont la flame & viue, & parfumée,
Plus Elle a de moiteur, plus elle est allumée.
L'Yuoire qu'elle couure, a son lustre esclattant ;
Il est vn blanc plus doux, & la Gorge y pretend.
Sur ses ieunes Appas finement est semée
Du Lis nouueau-fleuri la blancheur animée,
Dont l'albâtre embellit & le Bras & la Main
Qui se montrent sans faste, & charment sans dessein.
Vers aucun des excés la Taille n'est portée ;
Mais noble dans sa forme, & libre, & bièn plantée,
Elle fait admirer cette adresse du corps
Qui dans la Danse esclatte : & marquant les Accords
Par vn Pas mesuré dont la iustesse enchante,
Aioute mille attraits aux graces de L'INFANTE.
La fraischeur des Iasmins cueillis au point du Iour,

L'Embonpoint délicat qu'on donne au Dieu d'Amour,
Et l'Air doux & riant de la Saison fleurie,
Sont de foibles crayons des beautez de MARIE.
Son abord serieux, & sa viuacité,
Accordent la Ieunesse auec la Maiesté;
Par cent traits inconnus sa Presence est mortelle,
Les cœurs sont consumez des regards de la BELLE,
Le Soleil ne voit rien de si doux que ses Yeux,
Le Ciel n'esleue point de Sang plus glorieux,
De son Esprit de feu la lumiere est diuine,
Et tout répond en Elle à sa Grande Origine.

    MAIS quelle est de LOVIS l'agreable fierté!
Quel cét Air de Grandeur, cét Air d'Authorité!
Cét Air né de Lui-mesme, & propre à la Personne,
Qui fait honneur au Sceptre, & pare la Couronne!

    TEL, aprés cent Combats vers l'Inde terminez,
Courbé soûs les Lauriers par son fer moissonnez,
A d'Illustres Appas le Grec se voulut rendre,
Et Roxane admira le Grand Air d'Alexandre.

    AMOVR, des Dieux François les desirs limitant,
Veut que IVLES s'arreste à moins qu'il ne pretend.
Ce Defenseur du LIS insiste pour la France:
Mais les fers de son ROY sont mis dans la Balance;
Et malgré le succés de tant d'Exploits guerriers,
Le Myrte de LOVIS affoiblit ses Lauriers.
ANNE, à son double Sang doublement fauorable,
Veut pour son FILS Auguste vne Chaisne honnorable,
Vn Lien ferme & doux, qui des ROYS engagez
Vnisse les Estats, trop long-temps partagez.
Tout l'Olympe l'approuue, & son Decret seconde
Des Vœux si bièn formez pour le repos du Monde.

    FRANÇOIS, voici ces Iours si souuent desirez,
Et durant trente Hyuers vainement esperez!

D ij

Vous qui gouftez ces Iours filez d'Or & de Soye,
Peuples , rendez hommage au DIEV *qui les octroye.*
  CETTE *autre Deïté propice aux beaux defirs ,*
Et dont les feux reglez attendent leurs plaifirs ,
HYMEN , *d'vn Voile d'Or allant couurir fa tefte ,*
La couronne de Fleurs , pour commencer la Fefte.
Les Rofes de fon teint , qui marquent fa Pudeur ,
Des flames qu'il produit , font connoiftre l'Odeur ;
Vn Printemps eternel fleurit fur fon vifage ,
Tout efclatte & tout brille en fon lefte Equippage ,
Iunon prend fa conduite ; Et pour fon Ornement ,
Les Graces & Cyprine en font l'Aiuftement.
Les Refpects ferieux , la fage Bienfeance ,
De fes pas concertez mefurent la cadence.
Amour vole deuant , & n'a point de Flambeau ,
Hymen , qui vient enfuite , en portant vn plus beau.
Des Spectacles galans la fuperbe Dépenfe ,
La Chaffe & les Tournoys , le Theatre & la Danfe ,
Et des Chants & des Vers l'aimable affortiment ,
Du Dieu qui ioint les cœurs , font l'accompagnement.
La Nuict prefte fon Voile à fes doux Sacrifices ,
Il cache aux yeux du Iour fes fupremes delices ,
Et mefnageant le feu dont vn Couple eft atteint ,
S'il l'allume en public , en fecret il l'efteint.
  GRAMONT , *qui s'eft formé dans vne illuftre Efcole*
A porter pour fes Roys l'Efpée & la parole ,
Eft choifi de Mercure ; & dans vne autre Cour
Ils vont chercher Hymen , pour le ioindre à l'Amour.
Leur marche vers Madrit à grans pas auancée ,
Aux Peuples Efpagnols fait voir le Caducée ;
Ils admirent du LIS *les pompeux Truchemens ,*
Et beniffent le Ciel de ces beaux changemens :
Changemens fouhaittez des nombreufes Prouinces

Que

Que du Tage & de l'Ebre ont entaßé les Princes,
Et qui d'vn Nouueau Monde épuisant les Thresors,
A peine de LOVIS souftiennent les efforts.

  LE ROY des Caftillans, dont la vaste Puiffance
Eft feule en Maiefté riuale de la France,
Bruflant de r'attacher à fon Sang glorieux
Par le Sang des BOVRBONS, celui de mille Dieux,
A l'abord de Gramont paroift comblé de ioye;
Et pour fixer la PAIX par cette aimable voye,
Honnorant du Grand ROY le digne Embrasement,
Louë en Lui le Monarque, & couronne l'Amant.

  DANS ces Difcours de Paix & de Galanterie,
Quels eftoient vos penfers, adorable MARIE?
Le LIS à cette fois rougiffant voftre teint,
On connoift que pour Lui Voftre Cœur eft atteint,
Que d'vn fi noble Amant Vous partagiez la flame,
Et que defia l'Amour regnoit en plus d'vne Ame:
*Comme dans Voftre Cour aux * Ieux par tout ouuerts*
Le beau Iour que LOVIS vint parer l'Vniuers,
On voit à quel degré du Guerrier magnanime
Auprés du Grand PHILIPPE on fait monter l'eftime.
Auffi, quand l'Efpagnol la France trauerfant,
*Vid ce Ieune Alexandre aux * Armes s'exerçant,*
Il dit, en admirant & fon ordre, & fa grace,
Eft-ce Amour qui commande, ou le Dieu de la Thrace?
Tant, mefme en enfeignant à donner le trépas,
D'vn MAISTRE fi bien-fait la maniere a d'appas!

  Sortez, BELLE, fortez des Coupeaux de l'Efpagne;
Tout le Ciel, qui pour Vous va fe mettre en campagne,
Vous preparant lui-mefme vn Cortege efclattant,
Cent Dieux vont Vous conduire au DIEV qui Vous attend.

  EN galant appareil, Hymen & Cytherée
Brillent au premier Rang de l'Efcorte etherée;

* Naiffance
du ROY,
celebrée à
la Cour
d'Efpagne.

*L'Exercice
des Mouf-
quetaires.

C

Aprés vient le beau Char rayonnant de clartez,
Qui gemit soûs le poids des Grandes Deïtez.
PHILIPPE, ayant paré sa Course magnifique
Du Barbe de Tunis, & du Genet * Betique,
Obserue dans sa Marche vn maintien serieux,
Et paroist en prestance estre Chef de ses Dieux.
Au lieu d'vne Beauté de cent attraits pourueuë,
Vn FEV piquant & vif de loin frappe la veuë;
Les yeux en sont surpris, & doiuent presumer
Que la seule MARIE en peut tant allumer.
Les Trois charmantes Sœurs, non moins qu'Elle parées,
Les Graces, qui iamais n'en furent separées,
Auec Elle à tel poinct confondent leurs appas,
Que les yeux des Mortels ne les distinguent pas.
Des Ris & des Amours la Troupe toute nuë
Sur le Char glorieux voltige dans la nuë;
Et versant sur la Terre vn déluge de Fleurs,
Les Zephyrs du Climat temperent les chaleurs.
Des Airs tous parfumez la brillante carriere
Par des Astres nouueaux redouble sa lumiere;
Et sur Saint-Ian-de-Luz vn Esclat precieux
Remplit de mille Esclairs le grand vague des Cieux.
Cent Obiets merueilleux, prés D'ANNE l'Immortelle,
Prennent de Sa Presence vne fraischeur nouuelle;
Et du beau SANG ROYAL les attraits glorieux
Sont des cœurs le supplice, & le charme des yeux.
ANNE, auec les Vertus secrettes & publiques,
Austeres en secret, en public magnifiques,
Luit pour l'honneur du Throsne, & ferme autant que lui,
Paroist de son assiette ou la Cause, ou l'Appuy.
LOVIS, par son Grand Air seul semblable à Soy-mesme,
Sans Garde respecté, brillant sans Diadesme,
Au FRERE qui Le suit, aussi beau que le Iour,

Donne le second prix du lustre de sa Cour.
De ses lestes atours la pompeuse abondance
Estalle de Paris & l'Art, & l'Opulence;
Et si d'vn si grand Faste on ne borne le cours,
Tout Milan pour Madrit est vn foible secours.
Des riches Vestemens les couleurs flamboyantes,
Et sur les longs cheueux les Plumes ondoyantes,
Sont à l'air des François vn superbe Ornement,
Que tout luxe estranger imite vainement.
Mais comment imiter cette fierté ciuile,
Cette maniere adroite, accüeillante & facile,
Cét air noble & galant, du seul Louure inspiré,
Et soûs tant de Climats loin du Louure admiré?

   Voulant aux ROYS *du* LIS *en largesse estre égale,*
Du Throsne Castillan la Dépense est Royale,
*Sa Cour est somptueuse, & du * riche Occident*   *L'Ameri-
que.
PHILIPPE *à pleines mains les Thresors répandant,*
Pour repondre en Splendeur à l'auguste Alliance,
Pare à l'enui les Dieux qui marchent vers la France.
Tout chante sur la route; & mille & mille voix
Repetent sur Pyrene, & iusqu'aux Monts de Foix:

R EYNE, à qui la Seine & le Tage
   Doiuent vn calme si dous,
Quelle autre Beauté de nostre Aage
   Est heureuse comme Vous!
Vostre Hymen aux Mortels donne vne Paix profonde;
Et les Dieux assemblez Vous donnent pour Espous
Le R O Y le plus galant & le mieux-fait du Monde!

Mais, quelle eſtrange deſtinée!
Au moment que l'Vniuers
Doit gouſter par Voſtre Hymenée,
Cent & cent plaiſirs diuers,
Amour, long-temps caché ſoûs vne Treſſe blonde,
Se ſert de Vos beautez, pour mettre dans les fers
Le R O Y le plus galant & le mieux-fait du Monde!

A V *beau Couple amoureux Hymen ſemble trop lent;*
Pour eſteindre en idée vn feu ſi violent,
Dans le temps où la Roſe embellit la Nature,
De l'Auguſte L O V I S *vn * moindre eſt la Figure;*
Mais le Grand N O M *ſuffit, & ſur lui ſeulement*
Hymen ſa Torche allume, & fait l'Engagement.
*L'*I N F A N T E *en deuient* R E Y N E *; & Iunon, ſa conduite,*
D'vn changement ſi doux lui faiſant voir la ſuite,
Son Eſprit par auance y trouue mille attraits,
En repaſſe la ioye, & la gouſte à longs traits;
Bièn que ſon cœur touché donne auſſi quelques larmes
A la Cour qui l'engage, & regrette ſes charmes.
L E beau Iour qui precede vne plus belle Nuiĉt,
L O V I S, *de ſon attente allant cüeillir le fruiĉt,*
Et P H I L I P P E, *expoſant la* F L E V R *qu'il Lui deſtine,*
S'auancent vers le Flot qui leurs Terres confine.
Là, pour ioindre les R O Y S, *cent ſuperbes Vaiſſeaux*
De leurs rames d'Argent viennent fendre les Eaux;
Et pour voir de ſon feu la grandeur couronnée,
Sur le moite Element la N Y M P H E *eſt amenée.*
T E L L E, au Mois le plus doux, vn Iour que les Zephyrs
A peine ſur le Flot imprimoient leurs ſoupirs,
Aux yeux de tout le Ciel, ieune, incarnate & blonde,
La Mere des Amours ſortit du ſein de l'Onde.

* D. Louis de Haro.

A

A l'Abord, souhaitté des REYNES & des ROYS,
Les Sceptres, si ialoux, n'obseruent plus de loix ;
Et dans les amitiez les Grandeurs confonduës,
S'épuisent en douceurs des deux costez renduës.
Sentant d'vn Feu diuin l'accés imperieux,
*Vn DIEV se * rend Mortel, pour connoistre ses DIEVX ;*
Au moment qu'Il les voit, son atteinte est fatale ;
A l'instant qu'Il est veu, leur blessure est égale.
L'AMANTE d'vn regard reconnoist son AMANT,
Non moins par le Grand Air que par l'embrasement ;
Leurs Esprits sont troublez, & ne sçachant que dire,
Chacun dans le silence aime ce qu'il admire.
Puis, vn mesme desir des deux Cœurs s'emparant,
L'AMANT à son OBIET veut plaire en l'admirant ;
Et l'AMANTE à son tour, vermeille, ardente & viue,
Brusle de captiuer l'OBIET qui La captiue.

ENFIN, prés de cette ISLE où du faiste des Cieux
La PAIX vint addresser son vol delicieux,
Aprés vn Mot sacré, qui le beau Nœud resserre,
LOVIS & mille Appas se declarent la guerre.
Mais Hymen, de son Voile, Amour, de son Bandeau,
Au COVPLE impatient font vn chaste Rideau ;
Et Iunon seulement, qui l'INFANTE accompagne,
Ne fait plus qu'VN du LIS, & du IASMIN d'Espagne.
LES Recits du Mystere exercent les deux Cours ;
Les Ris impetueux, les follastres Amours,
Et les Ieux emportez, volant à tire d'aisle,
Des Myrtes de l'AMANT répandent la Nouuelle ;
Et par tout l'Occident les Peuples réioüis
Preferent ce Triomphe aux autres de LOVIS :
Ce Triomphe, où la PAIX, si long-temps fugitiue,
Aux Myrtes amoureux ioint la seconde Oliue,
Dont les nœuds enlacez aux Lauriers toûiours verds,

D

D'vn Calme inébranſlable aſſeurent l'Vniuers.

    GRANS ROYS, ſeparez-Vous, les chaleurs le commandent,
Et Vos Peuples charmez, leurs Monarques demandent.
REYNE, ſéchez vos pleurs : Celles de voſtre Rang
Doiuent moins eſcouter les tendreſſes du Sang ;
Et malgré les inſtincts que la Naiſſance inſpire,
Rompre tous ſes liens, & n'aimer que l'Empire.

    MAIS il faut ſe quitter, REYNE, verſez des pleurs.
Il eſt de beaux Soupirs, & d'honneſtes Douleurs ;
Les bons Cœurs ſont connus par les douces Tendreſſes,
Et les fortes Amours ſont d'illuſtres Foibleſſes.
Le Throſne a des appas ; mais le Couronnement
Vous couſte aprés ſa Pompe vn dur eſloignement ;
Il faut changer de Ciel pour ſe mettre en puiſſance,
Et ne plus voir la Terre où l'on prît la Naiſſance.
Hé ! qui peut ſans regret quitter le doux Seiour
Où nos yeux entrouuerts ont veu leur premier Iour ?
Ces lieux où de nos Ans commençant la carriere,
Nos pas mal figurez, ont marqué la pouſſiere ?

    LES Adieux ſont finis, & mille Embraſſemens
Serrent le nœud fatal de mille Engagemens :
De mille Engagemens, dont la vertu s'applique
A fixer pour iamais la Fortune publique ;
Puiſque des ROYS vnis le concert amoureux
Finit de cent Eſtats le deſtin rigoureux,
Et que ſur la Concorde à ce depart iurée,
D'vn Repos eternel s'affermit la durée.

    DES Throſnes reünis redoutant le Pouuoir,
Les Peuples déreglez, r'entrent dans leur deuoir ;
Le Droit ſe reſtablit où commandoit le Crime ;
** Albion reconnoiſt ſon Maiſtre legitime ;*
Par le haut Aſcendant du Concert glorieux,
Du Nort, ſi partagé, ſe r'aſſemblent les Dieux ;

** L'Angle-*
terre.

Vienne enfin se relasche, & l'Aigle reprimée
N'en veut plus qu'au Tyran de l'esclaue Idumée.

   DV LIS & du IASMIN les deux pompeuses Cours,
De leurs Obiets recens remplissent leurs discours;
Et dans l'Esloignement, du mesme trait blessées,
A leur double auantage exprimant leurs pensées,
Deux Peuples orgueilleux, l'vn de l'autre estimez,
Paroissent aussi doux qu'ils sembloient animez.

   MAIS qui sçait les Presens dont les Cours se regalent,
Et comme à leur depart en Dons elles s'égalent?
Si les rares Thresors aux LIS abandonnez,
N'excedent la valeur de ceux qu'il a donnez;
Et si la belle REYNE à la France laissée,
En comparant son prix n'est point trop rabbaissée.

   ON marche à pas legers vers les bords escumeux
Du Fleuue que sa course a rendu si fameux;
Et les PRINCES du LIS, charmez de la Touraine,
*Par vn * Desert illustre auancent vers la Seine.*

   SVR la Riue opposée aux longs Costaux de Blois,
De l'Isle de CHAVMONT se découure le Bois,
Dont vn Peuple aussi dur que sa Roche escarpée,
D'vn fer impitoyable a la cime coupée.
Quand du Bois cher aux Dieux la Teste on abbattit,
De longs gemissemens la Coste retentit,
Les Naïades en pleurs le Riuage quitterent,
Et des larmes de sang des vieux Troncs degoutterent.
Auant ce sacrilege, au plus haut des rameaux
Souuent on admiroit cent Plumages nouueaux,
Cent Oyseaux inconnus, dont l'amour solitaire
A la pointe du Chesne alloit choisir son Aire.
Se ioignant vers le soir dans l'aimable Reduit,
Ils voiloient leurs Thresors du crespe de la Nuict;

D ij

Et si tost que le Iour commençoit à s'éclorre,
Leur Nacre & leurs Rubis faisoient honte à l'Aurore.
Soûs des Testes de feu, leur lustre variant
Sur leurs Corps exprimoit l'Opale d'Orient;
Et quand d'vn vol rapide ils quittoient le feüillage,
Mille Iris passagers trauersoient le nüage.
Sur le Miroir flottant, les Arbres estendus
Estoient au bord de l'Isle en Voute suspendus;
Et dans le fort du Bois, les branches estallées
Defendoient au Soleil de percer leurs Allées.
A l'ombre des rameaux, le Canal diligent
Sur vn sablon doré roulloit vn flot d'Argent,
Dont le Saumon du Nort, & l'Alose estrangere
Aimoient la transparence, & la fuite legere.
Le Lapin sans allarme entre ces claires Eaux,
Sur le Gazon fleuri rongeoit les Arbrisseaux;
Et le Cerf poursuiui, fendant l'humide Plaine,
Parfois dans ce Boccage alloit reprendre haleine.

TELS estoient les Rameaux que le fer a touchez;
Tous les Chantres volans y sembloient attachez,
Et parcourant du Bois le silence & l'ombrage,
Leurs Ieux de Chesne en Chesne y portoient leur ramage.
Maintenant dans le Sausle épais sur les deux bords,
Le triste Roßignol fait ses iustes accords;
Et dans le Renouueau, la Musique emplumée
Par la beauté de l'Isle est toûiours animée.

LA', le Dieu de la Loire, attendant les Grans Dieux,
Prenoit soûs le feüillage vn frais delicieux.
Quelquefois redouté, mais toûiours venerable,
Il faisoit respecter sa Vieillesse honnorable;
Et regnant sans égal sur les Fleuues Gaullois,
Des plus nobles Vallons son Onde auoit le chois.
Soûs le Verre mouuant, de sa grande Figure

Il laiſſoit entreuoir l'ample & longue meſure ;
Et ſur l'Or du beau ſable accoudé mollement ,
Il gouſtoit le repos dans ſon propre Element.
La barbe qui flottoit ſur ſa large poitrine ,
Imitoit en couleur la verte Aigue-marine ;
Et de ſes longs cheueux eſpars nonchallamment ,
Le Temps ne changeoit point le durable ornement.
Sa verdure , approchant de la paſleur du Sauſle ,
Toûiours à gros floccons lui battoit ſur l'Eſpaulle ;
Et dans l'Onde argentée en Perles degouttant ,
Alloit de clairs Ruiſſeaux le grand Fleuue augmentant.
De l'Allier & du Cher, de l'Indre & de la Vienne ,
Les humbles Deïtez s'approchoient de la ſienne ,
Qui d'vn air accüeillant , ſans pourtant s'émouuoir ,
Sur ſon Lict de Saphirs les daignoit receuoir.
Le ſilence eſtoit grand ſur la fuyante Glace ;
A peine les Zephyrs en friſoient la ſurface ,
Et des Coſtaux prochains doucement figurez ,
Nageoient les longs Rochers , dans les Eaux attirez.
Des Nymphes du Canal la Troupe vagabonde
Promenoit ſes appas ſur le cryſtal de l'Onde ;
Et du Mont qui la ioint, les verdoyans Coupeaux
Voyoient ſur leur émail bondir mille Troupeaux.
Les Bergers de la Coſte, aſſis ſur les fleurettes ,
Chantoient, en s'égayant , leurs tendres amourettes ;
Et la douceur de l'Air , & la clarté du Iour ,
Le Bois & les Rochers ne parloient que d'amour.
*   POVR reſſerrer le Flot , ſur l'vn de ſes Riuages*
S'eſleue vn long Chemin, qui s'oppoſe aux rauages ;
Et dans ſes beaux Vallons, cent Aſpects gracieux
Compoſent vne Veuë à charmer tous les yeux.
Des Chaſteaux eſgayez ſur les hautes Collines ,
Chargent des Logemens creuſez ſoûs leurs racines ;

E

Ou le Bord releué, la Plaine protegeant,
Mesnage vn long espace au Coutre diligent.
Ici, de sur la Route, à trauers la Saussaye,
Paroist l'aspre Vignoble, ou la verte Fustaye;
Là, de sombres Manoirs dans la Roche cauez,
Du Flot qui les rempare, à leur pied sont lauez.
Parfois, dans vn Lointain, la Colline chenuë,
En perdant ses couleurs, va mourir dans la nuë;
Et de prés, le Regard embelli de Clochers,
Ioint les iaunes Sillons aux steriles Rochers.
Enfin, mille Hameaux sur le double Riuage,
Transformant en Plaisirs les peines du Voyage,
Font nommer la belle Onde, & ses Assortimens,
Le Charme de la Veuë, & ses Enchantemens.

QVAND du fameux LOVIS, *sur la Route esleuée,*
Deuant le Bois sacré la Troupe est arriuée,
Le Dieu, du fond des Eaux par degrez se haussant,
Et sur l'Onde entrouuerte à mi-corps paroissant,
Aux Nymphes de sa Cour, vers les ROYS *auancées,*
Fait d'vn air admirable entonner ses pensées.

IEVNE & sage ARBITRE des Roys,
En silence escoute la voix
D'vn Dieu dont Tes AYEVX la presence ont aimée.
Plusieurs dans vn beau calme ont leurs iours terminez;
Peu, dans le Champ de Mars trop long-temps fortunez,
Ont veu dans leurs Estats leur conduite estimée.

❊❊❊

IL est vne plus belle Ardeur,
Vne moins fatale Grandeur,
Que celle qui s'occupe à forcer des Murailles.
Pour les Roys outragez la Guerre a des appas;
Mais qui peut sans horreur causer mille trépas,
Et se voir couronner parmi des Funerailles?

❊❊❊

POVR TOY, dont l'Astre imperieux
Rend le Destin si glorieux,
Tes perils sont finis, & leur source est tarie.
Ne contant plus de Roys parmi Tes Ennemis,
Il faut que Tes Lauriers soient aux Myrtes soumis,
Et cüeillir les plus doux dans le Sein de MARIE.

❊❊❊

BRVSLEZ, heureux COVPLE d'Amans;
Vos Feux, toûiours se rallumans,
Du Monde cultiué sont les Astres propices.
De Vos longues amours lui naistront mille ROYS;
Sans l'auoir par l'Espée, ils l'auront par son chois,
Et de leur seul Pouuoir il fera ses delices.

❊❊❊

LA Terre, par son tremblement,
Suiui du liquide Element,
Des deux Poles soumis Vous fait voir la Figure.
Deuant Vous rien n'est ferme; Et du bas Vniuers
Les soudains mouuemens soûs Vos pas découuerts,
Marquent Vostre Puissance à toute la Nature.

Tremble-
ment de
Terre arri-
ué à Bour-
deaux, &
sur la Co-
ste, le Roy
marchant.

❊❊❊

E ij

❈

DESIA, pareils aux Alcyons,
Voſtre Hymen, de cent Nations
Au fort de leur tumulte a calmé les tempeſtes.
L'Europe à Vos beaux Nœuds doit ſa tranquillité;
Mais ie voy loin de nous le Boſphore agité,
Et les Camps d'vn LOVIS y porter ſes Conqueſtes.

❈

IE voy l'Helleſpont ſurmonté,
Rhodes & Cypre en liberté,
Le Vainqueur dans la Thrace, & l'effroy dans Byzance.
Tout tremble dans l'Aſie; Et des LIS declarez,
Sur les bords du Iourdain fiérement arborez,
Le Croiſſant en deſordre éuite la preſence.

❈

MAIS, ô REYNE, conſolez-Vous;
Vingt Luſtres fortunez & dous,
Verront de Voſtre Hymen fleurir la Deſtinée.
Sur le haut Capitole, aux derniers de ſes Iours,
IVLES du Saint Proiet doit conſommer le cours;
*Ieruſalem. Et c'eſt à Vos Neueux que * Solyme eſt donnée.

❈

CEPENDANT, Vos riches Citez,
Racontant leurs felicitez,
D'Eloges immortels vont charger Voſtre Empire.
LOVIS, voy de cette Eau le cryſtal gracieux.
Tels ſont dans le Deſtin Vos Iours delicieux;
Et s'ils ſont agitez, ce n'eſt que du Zephyre.

❈

✻❈✻

Vɴ Iules fît trembler mes bords,
Et par d'innombrables efforts,
A fon Aigle infolente afferuit mon Riuage.
Du fort de Tes Eftats voy l'heureux changement !
Vn I v l e s nous conduit ; Et fon Gouuernement
Par les Aigles du Rhein fait au L i s rendre hommage.

✻❈✻

Pᴀʀ Lui, les Neuf-Sœurs & les Arts,
Au lieu de Bellonne & de Mars,
Soûs vn Climat fi doux appreftent leur Entrée.
Pour eux, comme pour Vous, dans les Airs efleué,
Et dans Quatre Moiffons Voftre L o v v r e acheué,
Va faire vn des Plaifirs de I v l e s, & d'Aftrée.

✻❈✻

Dᴀɴs le plus noble des Eftats,
Pour l'Aʀʙɪᴛʀᴇ des Potentats,
S'auance le plus Grand des Baftimens du Monde.
L'Enceinte eft eftonnante ; Et fon vafte contour
Apprend à l'Vniuers où fera le Seiour
Des Mᴀɪsᴛʀᴇs à venir de la Terre, & de l'Onde.

✻❈✻

Povʀ cét immenfe Logement,
Le folide & bas Element
De Iafpe & de Porphyre épuife fes Entrailles ;
Des plus hautes Forefts les Arpens font coupez ;
On voit à cent Reliefs les Cifeaux occupez,
Et le riche Metal encroufte fes Murailles.

✻❈✻

F

❋❋❋

O Roys ! ne vous relafchez-pas.
Quand parmi d'indignes appas,
De vos Ans negligez s'auance la carriere ;
Sçachez que voftre Gouft iugé par l'Vniuers,
Dont fur vos Paffions tous les yeux font ouuerts,
Ternit de vos Grans Noms la trompeufe lumiere.

❋❋❋

DIGNES de vos Profperitez,
Aux Grandeurs dont vous heritez,
De vos propres Talens il faut ioindre la Gloire.
Connoiftre & Commander, c'eft l'Office des Dieux ;
Par leurs Difcernemens les Roys font precieux,
Et leurs feules clartez font briller leur Memoire.

❋❋❋

I'AY veu fur l'émail de mes Fleurs
Effacer fes nobles Malheurs,
Et dans vn grand Efclat finir fa belle Vie,
Ce HEROS, que fon Cœur dans les fers éprouué,
Mais bièn plus, des Neuf-Sœurs le Temple releué,
Vengeront à iamais des pertes de Pauie.

❋❋❋

ALORS ce Prince ambitieux,
Portant fon beau Nom iufqu'aux Cieux,
Chaffoit loin de fa Cour la honteufe Ignorance.
Et par ce ROY fameux le Parnaffe excité,
Apprendra dans mille ans à la Pofterité,
Que les foins de FRANÇOIS ont cultiué la France.

❋❋❋

❊❊❊

REVENEZ, Belles, reuenez,
Vous, qui les Heros couronnez,
Et cüeillez auec eux leur Guirlande immortelle ;
MVSES, voftre LOVIS, ialoux du beau Sçauoir,
D'vn Throfne intelligent eftime le Pouuoir,
Le SANG-ROYAL vous aime, & IVLES vous appelle.

❊❊❊

QVELS grans Spectacles inconnus,
Auec vn doux calme venus,
Surprendront dans Paris l'Europe renfermée !
Quels amas de Plaifirs & de Peuples diuers,
Vont, ô ROYS trop heureux ! fignaler Vos Hyuers,
Et fur Vos Paffetemps laffer la Renommée !

❊❊❊

QVELLES delices pour mes yeux,
De voir parmi Vos Demidieux,
Cent Illuftres Beautez du Parnaffe efclairées !
Et leurs Chants amoureux dans Chambor repetez,
Durant les belles Nuicts fur mes Eaux efcoutez,
Charmer de Vos beaux Iours les pompeufes Soirées !

❊❊❊

AINSI, quittant les verts Coupeaux,
Parfois fur l'Argent des Ruiffeaux,
Les Neuf Filles du Ciel portent leur Symphonie.
Les Echos du * Pénée, & les Chantres des Bois,   * Riuiere de
Sont muets fur la riue ; Et des fçauantes Voix   la Theffalie.
Tout l'Olympe en filence efcoute l'Harmonie.

❊❊❊

❦

MES Flots, de LOVIS frequentez,
Et de ſes Plaiſirs enchantez,
Iront iuſques dans Cypre en conter la merueille.
La Mere des Appas, & ſon Enfant Amour,
Diront, en ſoûpirant, à leur galante Cour,
Que celle de LOVIS n'eut iamais de pareille.

❦

O beaux Iours, long-temps attendus!
Iours dans vn beau Siecle eſtendus!
Iours brillans des clartez d'vn Auguſte HYMENE'E!
Prenant voſtre grand tour dans le Cercle du Temps,
Ioignez à vos Soleils, pour les rendre eſclattans,
Des Trois * ASTRES Romains la ſplendeur fortunée.

^{* Les trois Eſtoilles des Armes de S.E.}

❦

O MERE du COVPLE amoureux!
ANNE, dont les pas genereux
Parmi cent Eſcadrons la PAIX ont pourſuiuie;
L'Olympe a-t'il moins fait qu'il ne T'auoit promis?
Ton SANG eſt raſſemblé, Tes Peuples ſont amis,
Et IVLES s'intereſſe au repos de Ta Vie.

❦

OVVREZ-vous, Deſtins precieux;
Immüables Decrets des Cieux,
De voſtre Ordre immortel déployez la Fuſée.
ALLEZ, heureux AMANS; Le Sort en eſt ietté.
Ce qu'vn Dieu vous annonce, vn DIEV l'a proietté;
Et iamais on n'a veu leur Sageſſe abuſée.

❦

AINSI

AINSI des beaux Vallons par nos Roys habitez,
Le Grand Fleuue aux AMANS apprend leurs Veritez;
Et de son frais Seiour gaignant le doux ombrage,
Laisse aux cœurs estonnez repasser son langage.
La Troupe en est émeuë, & iusqu'aux Murs de Blois,
Dans vn profond silence en remarque le poids.
On roulle de Chambor vers la fameuse riue
D'où l'Anglois vid chasser sa valeur fugitiue,
Quand la fiere * Beauté fatale aux Leopards,
De la Loire estonnée affranchit les Remparts.
Les ROYS, au beau Desert portant leurs Destinées,
Du Voyage expirant delassent les Iournées :
Et dans leur Grand Palais accablez de Plaisirs,
Sur les plus delicats consultent leurs desirs ;
Tandis que dans Paris, pour couronner la FESTE,
A leur pompeux Abord vn Triomphe on appreste.

* La Pucel-
le d'Or-
leans.

LA MESNARDIERE, Lecteur Ordinaire
de la Chambre du ROY.

G